The Secret of the Magic Beret and Other Bilingual French-English Stories for Children

Coledown Bilingual Books

Published by Coledown Bilingual Books, 2023.

While every precaution has been taken in the preparation of this book, the publisher assumes no responsibility for errors or omissions, or for damages resulting from the use of the information contained herein.

THE SECRET OF THE MAGIC BERET AND OTHER BILINGUAL FRENCH-ENGLISH STORIES FOR CHILDREN

First edition. November 10, 2023.

ISBN: 979-8223098652

Written by Coledown Bilingual Books.

Table of Contents

Le Secret du Béret Magique

Il était une fois, dans la magnifique ville de Paris, une petite fille aux cheveux roux nommée Émilie. Ce qui rendait Émilie si spéciale, c'était son incroyable béret rouge, doté de pouvoirs magiques. Ce béret avait été transmis de génération en génération dans la famille d'Émilie, et il était connu pour accorder des vœux spéciaux à ceux qui le portaient.

Émilie adorait se promener dans les rues pavées de Paris, son béret rouge vissé sur la tête. Les passants la regardaient avec émerveillement, se demandant quel mystère se cachait derrière ce chapeau magique. Mais Émilie était une petite fille modeste et gentille, et elle utilisait les pouvoirs de son béret de manière judicieuse.

Un jour, en se promenant près de la Tour Eiffel, Émilie rencontra un chaton perdu. Le petit chat miaulait tristement, cherchant sa maman. Émilie, avec son cœur plein de gentillesse, toucha doucement son béret rouge et fit un vœu pour que le chaton retrouve sa famille. Magiquement, une petite étiquette apparut autour du cou du chaton, indiquant le nom de sa propriétaire et son adresse. Émilie sourit, sachant qu'elle avait utilisé la magie de son béret pour aider une créature vulnérable.

Au fil du temps, la réputation d'Émilie et de son béret magique se répandit dans tout Paris. Les enfants venaient la voir, espérant que son béret pourrait exaucer leurs vœux. Émilie, toujours généreuse, partageait volontiers les pouvoirs de son béret pour apporter joie et bonheur aux autres.

Un jour, alors qu'Émilie se promenait le long de la Seine, elle entendit un cri venant d'une ruelle étroite. En s'approchant, elle découvrit une triste marionnette en bois abandonnée. Son cœur se serra d'empathie, et elle décida de faire un vœu pour donner vie à la marionnette. Avec un éclat de magie, la marionnette s'anima et se mit à danser de manière joyeuse. Émilie ria de bon cœur, heureuse d'avoir redonné vie à un objet oublié.

Et c'est ainsi que se termine l'histoire d'Émilie, la petite fille aux cheveux roux et au béret magique, dont l'amour et la gentillesse avaient transformé Paris en un lieu encore plus extraordinaire.

The Secret of the Magic Beret

Once upon a time, in the beautiful city of Paris, there lived a little girl with red hair named Émilie. What made Émilie so special was her incredible red beret, endowed with magical powers. This beret had been passed down from generation to generation in Émilie's family, known for granting special wishes to those who wore it.

Émilie loved strolling through the cobbled streets of Paris, her red beret firmly on her head. Passersby looked at her with wonder, wondering what mystery lay behind this magical hat. But Émilie was a modest and kind little girl, and she used the powers of her beret wisely.

One day, while walking near the Eiffel Tower, Émilie encountered a lost kitten. The little cat meowed sadly, looking for its mom. Émilie, with her heart full of kindness, gently touched her red beret and made a wish for the kitten to find its family. Magically, a small tag appeared around the kitten's neck, indicating the owner's name and address. Émilie smiled, knowing that she had used the magic of her beret to help a vulnerable creature.

Over time, Émilie and her magical beret's reputation spread throughout Paris. Children came to see her, hoping that her beret could grant their wishes. Émilie, always generous, willingly shared the powers of her beret to bring joy and happiness to others.

One day, as Émilie walked along the Seine, she heard a cry coming from a narrow alley. Approaching, she discovered a sad, abandoned wooden puppet. Her heart ached with empathy, and she decided to make a wish to give life to the puppet. With a burst of magic, the puppet came to life and began to dance joyfully. Émilie laughed heartily, happy to have brought life back to a forgotten object.

And so ends the story of Émilie, the little girl with red hair and the magic beret, whose love and kindness had transformed Paris into an even more remarkable place.

Le Voyage Extraordinaire de Mathilde

Il était une fois, dans un petit village niché au cœur de la campagne française, une fillette curieuse et rêveuse du nom de Mathilde. Mathilde avait de longs cheveux bruns, des yeux étincelants de malice, et un esprit avide d'aventure. Elle passait ses journées à explorer les champs verdoyants et à se perdre dans les histoires fantastiques de livres poussiéreux trouvés à la bibliothèque du village.

Un après-midi ensoleillé, alors que Mathilde errait dans la forêt voisine, elle découvrit un vieux livre magique caché sous une épaisse couche de feuilles mortes. Intriguée, elle l'ouvrit et fut éblouie par une lueur étincelante. Le livre était un grimoire ancestral qui parlait d'un monde parallèle rempli de créatures magiques, de paysages féériques et de mystères inexplorés.

Mathilde, débordante de curiosité, toucha la première page du grimoire, et soudain, elle se retrouva transportée dans un endroit éblouissant appelé Féeriland. Les arbres chantaient, les rivières murmuraient des secrets, et les étoiles dansaient dans le ciel en harmonie. Mathilde, émerveillée par ce monde magique, réalisa qu'elle était devenue la protagoniste de son propre conte de fées.

Elle rencontra des créatures étranges et adorables, comme les Pixies lumineux et les Lapins de velours qui la guidèrent à travers les vallées enchantées. Mathilde se lia d'amitié avec un dragon jovial du nom de Flambo, dont les écailles luisaient comme des joyaux dans le clair de lune. Ensemble, ils entreprirent un voyage épique à la recherche du mythique Jardin des Étoiles, où les rêves devenaient réalité.

Au cours de leur périple, Mathilde et Flambo rencontrèrent des défis stimulants, comme traverser la Forêt des Illusions, où chaque chemin ressemblait à une énigme, et escalader les Montagnes Arc-en-Ciel, dont les sommets touchaient les nuages. Ils furent également confrontés à des épreuves qui testaient la force de leur amitié, mais à chaque étape, Mathilde et Flambo se montrèrent à la hauteur.

Dans le Jardin des Étoiles, Mathilde découvrit une fontaine magique qui exauçait les vœux. Émue par le pouvoir de ce lieu, elle fit un vœu simple mais puissant : que tous les enfants du monde puissent connaître la magie et l'émerveillement. Instantanément, des étoiles filantes illuminèrent le ciel, et une pluie d'étincelles magiques se répandit sur la terre.

De retour dans son village, Mathilde se réveilla avec le grimoire magique à la main, réalisant que son extraordinaire voyage n'était pas simplement un rêve. Elle partagea ses aventures avec les habitants du village, et bientôt, les enfants commencèrent à découvrir des portails secrets menant à Féeriland à travers le monde.

Et c'est ainsi que l'histoire extraordinaire de Mathilde, la jeune aventurière du village, continua de captiver les cœurs et les esprits, rappelant à tous que la magie peut être trouvée là où la curiosité et l'imagination se rencontrent.

The Extraordinary Journey of Mathilde

Once upon a time, in a small village nestled in the heart of the French countryside, there was a curious and dreamy little girl named Mathilde. Mathilde had long brown hair, eyes sparkling with mischief, and a spirit hungry for adventure. She spent her days exploring the green fields and getting lost in the fantastical stories of dusty books found in the village library.

One sunny afternoon, as Mathilde wandered through the nearby forest, she discovered an old magical book hidden under a thick layer of fallen leaves. Intrigued, she opened it and was dazzled by a shimmering light. The book was an ancient grimoire that spoke of a parallel world filled with magical creatures, fairy-tale landscapes, and unexplored mysteries.

Overflowing with curiosity, Mathilde touched the first page of the grimoire, and suddenly, she found herself transported to a dazzling place called Fairyland. The trees sang, the rivers whispered secrets, and the stars danced in the sky in harmony. Mathilde, amazed by this magical world, realized that she had become the protagonist of her own fairy tale.

She met strange and adorable creatures, such as the luminous Pixies and the Velvet Rabbits, who guided her through enchanted valleys. Mathilde befriended a jovial dragon named Flambo, whose scales gleamed like jewels in the moonlight.

Together, they embarked on an epic journey in search of the mythical Star Garden, where dreams came true.

During their quest, Mathilde and Flambo faced challenging trials, such as navigating the Forest of Illusions, where every path resembled a riddle, and climbing the Rainbow Mountains, whose peaks touched the clouds. They also encountered tests that tested the strength of their friendship, but at every step, Mathilde and Flambo proved themselves.

In the Star Garden, Mathilde discovered a magical fountain that granted wishes. Touched by the power of this place, she made a simple yet powerful wish: that all the children in the world could experience magic and wonder. Instantly, shooting stars illuminated the sky, and a shower of magical sparkles spread across the earth.

Back in her village, Mathilde woke up with the magical grimoire in her hand, realizing that her extraordinary journey was not just a dream. She shared her adventures with the villagers, and soon, children began to discover secret portals leading to Fairyland across the globe.

And so, the extraordinary story of Mathilde, the young adventurer from the village, continued to captivate hearts and minds, reminding everyone that magic can be found where curiosity and imagination meet.

Le Mystère du Phare Ensorcelé

Il était une fois, sur la côte sauvage de Bretagne, un petit village où les vagues rugissaient contre les falaises escarpées. Dans ce village vivait une jeune fille du nom d'Aurélie. Elle avait les cheveux noirs comme la nuit et les yeux aussi profonds que l'océan. Aurélie était fascinée par le phare qui se dressait majestueusement au sommet d'une falaise, illuminant la mer sombre de ses faisceaux de lumière.

Le phare, appelé le Phare d'Émeraude en raison de son éclat vert distinctif, était le joyau du village. Mais au fil du temps, des rumeurs étranges circulaient parmi les habitants. Certains disaient avoir entendu des murmures mystérieux la nuit, tandis que d'autres prétendaient voir des ombres dansantes près du phare. Aurélie, intriguée par ces récits, décida de percer le mystère qui entourait le Phare d'Émeraude.

Une nuit étoilée, alors que le village était plongé dans le silence, Aurélie se glissa furtivement hors de sa maison, se dirigeant vers le phare éclairé au loin. En approchant, elle sentit une énergie étrange dans l'air, comme si le phare lui-même pulsait d'une vie mystique. À mesure qu'elle montait les marches grinçantes, elle remarqua des inscriptions énigmatiques gravées sur les murs.

Arrivée au sommet, Aurélie fut éblouie par la vue panoramique de l'océan scintillant sous la lueur de la lune. Cependant, son émerveillement fut interrompu par un étrange bruissement. Elle se retourna brusquement pour découvrir une silhouette encapuchonnée se tenant à l'entrée du phare. C'était un vieil homme au regard perçant, vêtu de robes sombres.

Le vieil homme se présenta comme Alaric, le gardien du Phare d'Émeraude depuis des générations. Il expliqua à Aurélie que le phare était plus qu'une simple tour illuminée ; c'était un gardien des secrets de la mer, un porteur de magie transmise de gardien en gardien. Mais cette magie avait un prix, et le phare était envoûté par une énigme ancienne.

Alaric confia à Aurélie la tâche de percer le mystère qui entourait le phare. Il lui remit une clé antique, incrustée de cristaux étincelants, affirmant qu'elle serait la seule à pouvoir révéler le secret. Avec cette clé, Aurélie commença son aventure, explorant les profondeurs du phare.

À l'intérieur, elle découvrit des salles secrètes, des passages mystérieux et des artefacts anciens qui semblaient murmurer des histoires oubliées. Les murs du phare étaient ornés de cartes étoilées, de symboles ésotériques et de poèmes cryptiques. Aurélie ressentit la magie qui imprégnait chaque pierre, chaque recoin.

Au fur et à mesure qu'elle progressait, le phare semblait s'éveiller. Des lumières étincelantes dansaient le long des murs, et des chuchotements lointains résonnaient dans les couloirs. Aurélie se retrouva plongée dans une énigme complexe, combinant son intelligence, son intuition et le pouvoir de la clé.

Finalement, après des jours d'exploration, Aurélie parvint à une chambre secrète au sommet du phare. Là, elle découvrit un ancien livre de sorts qui contenait la véritable histoire du Phare d'Émeraude. Autrefois, il était lié à une sirène magique qui veillait sur les océans. Cependant, au fil des siècles, la connexion s'était rompue, plongeant le phare dans un sommeil mystique.

Aurélie, avec le cœur empli de détermination, utilisa la clé pour réveiller la magie endormie du phare. Des éclats d'émeraude jaillirent des murs, et un doux chant de sirène enveloppa l'air. Le Phare d'Émeraude retrouva sa splendeur d'antan, éclairant la mer d'une lumière éclatante.

Le village, émerveillé par la transformation, célébra le triomphe d'Aurélie. Alaric, le vieux gardien, exprima sa gratitude envers la jeune fille qui avait restauré la magie du phare. Désormais, le Phare d'Émeraude brillait non seulement comme un guide pour les marins, mais aussi comme un symbole de la persévérance et de la connexion entre la terre et la mer.

Aurélie retourna à sa vie quotidienne, mais elle savait que le mystère du Phare d'Émeraude ne serait jamais oublié. Chaque année, le village célébrait le jour où Aurélie avait révélé les secrets cachés du phare, et les enfants écoutaient avec émerveillement l'histoire de la jeune fille courageuse qui avait ranimé la magie de la côte bretonne.

Et ainsi se termina l'histoire d'Aurélie, l'héroïne qui dévoila le mystère du Phare d'Émeraude et ramena la magie dans les vagues tumultueuses de la mer.

The Mystery of the Enchanted Lighthouse

Once upon a time, on the wild coast of Brittany, there was a small village where the waves roared against the steep cliffs. In this village lived a young girl named Aurélie. She had hair as black as the night and eyes as deep as the ocean. Aurélie was fascinated by the lighthouse that stood majestically atop a cliff, illuminating the dark sea with its beams of light.

The lighthouse, called the Emerald Lighthouse because of its distinctive green glow, was the jewel of the village. But over time, strange rumors circulated among the villagers. Some claimed to have heard mysterious whispers at night, while others said they saw dancing shadows near the lighthouse. Intrigued by these tales, Aurélie decided to unravel the mystery surrounding the Emerald Lighthouse.

On a starry night, while the village was immersed in silence, Aurélie stealthily slipped out of her house, heading towards the illuminated lighthouse in the distance. As she approached, she felt a strange energy in the air, as if the lighthouse itself pulsed with mystical life. As she climbed the creaking stairs, she noticed enigmatic inscriptions engraved on the walls.

At the top, Aurélie was dazzled by the panoramic view of the sparkling ocean under the moonlight. However, her wonder was interrupted by a strange rustling. She turned abruptly to discover a hooded figure standing at the entrance of the lighthouse. It was an old man with a piercing gaze, dressed in dark robes.

The old man introduced himself as Alaric, the guardian of the Emerald Lighthouse for generations. He explained to Aurélie that the lighthouse was more than just an illuminated tower; it was a keeper of the secrets of the sea, a bearer of magic passed from guardian to guardian. But this magic came with a price, and the lighthouse was ensnared in an ancient enigma.

Alaric entrusted Aurélie with the task of unraveling the mystery surrounding the lighthouse. He gave her an antique key, embedded with sparkling crystals, stating that she alone would be able to unveil the secret. With this key, Aurélie began her adventure, exploring the depths of the lighthouse.

Inside, she discovered secret rooms, mysterious passages, and ancient artifacts that seemed to whisper forgotten stories. The walls of the lighthouse were adorned with starry maps, esoteric symbols, and cryptic poems. Aurélie felt the magic that permeated every stone, every corner.

As she progressed, the lighthouse seemed to awaken. Sparkling lights danced along the walls, and distant whispers echoed in the corridors. Aurélie found herself immersed in a complex puzzle, combining her intelligence, intuition, and the power of the key.

Eventually, after days of exploration, Aurélie reached a secret chamber at the top of the lighthouse. There, she discovered an ancient spell book that contained the true story of the Emerald Lighthouse. Once, it was bound to a magical mermaid who watched over the oceans. However, over the centuries, the connection had been severed, plunging the lighthouse into a mystical slumber.

Aurélie, with a heart full of determination, used the key to awaken the dormant magic of the lighthouse. Emerald shards burst from the walls, and a gentle mermaid's song enveloped the air. The Emerald Lighthouse regained its former splendor, illuminating the sea with a radiant light.

The village, amazed by the transformation, celebrated Aurélie's triumph. Alaric, the old guardian, expressed his gratitude to the young girl who had restored the lighthouse's magic. Now, the Emerald Lighthouse shone not only as a guide for sailors but also as a symbol of perseverance and the connection between land and sea.

Aurélie returned to her everyday life, but she knew that the mystery of the Emerald Lighthouse would never be forgotten. Every year, the village celebrated the day Aurélie had unveiled the hidden secrets of the lighthouse, and children listened in awe to the story of the courageous girl who had revived the magic of the Breton coast.

And so ended the tale of Aurélie, the heroine who revealed the mystery of the Emerald Lighthouse and brought magic back to the tumultuous waves of the sea.

Le Jardin des Rêves Perdus

Il était une fois, dans un petit village au cœur de la Provence, une jeune fille nommée Léa. Elle avait des boucles dorées qui brillaient comme les champs de tournesols sous le soleil provençal. Léa était connue pour son imagination débordante et ses rêves qui semblaient atteindre les étoiles.

Le village de Léa était entouré de champs de lavande ondulant doucement, de vignes étendues à perte de vue et d'oliveraies qui murmuraient des histoires millénaires. Cependant, malgré la beauté de son environnement, Léa ressentait un étrange manque. Elle rêvait de quelque chose d'extraordinaire, quelque chose qui éveillerait son âme et remplirait les coins vides de son cœur.

Un jour, alors que Léa se promenait dans les collines parfumées de lavande, elle découvrit une vieille porte en bois entourée de lierre. Intriguée, elle l'ouvrit, ne s'attendant pas à ce qui se trouvait derrière. À sa grande surprise, elle se retrouva dans un jardin enchanté, où des fleurs éclatantes aux couleurs chatoyantes dansaient au gré du vent.

Léa réalisa qu'elle avait trouvé le mystérieux Jardin des Rêves Perdus, un lieu où les rêves oubliés prenaient vie. Chaque fleur était une idée abandonnée, chaque arbre une aspiration perdue. Léa était émerveillée par la magie qui émanait de chaque coin du jardin. C'était un endroit où l'espoir refleurissait, où les souhaits prenaient forme.

Au milieu du jardin, Léa rencontra une vieille dame aux yeux étincelants et à la robe couverte de motifs floraux. La dame se présenta comme Amélie, la gardienne du Jardin des Rêves Perdus. Elle expliqua à Léa que ce jardin était un sanctuaire pour les rêves qui avaient été abandonnés par ceux qui ne croyaient plus en eux.

Émue par cette découverte, Léa décida de devenir la gardienne aux côtés d'Amélie. Ensemble, elles parcoururent les sentiers du jardin, réveillant des rêves endormis. Léa libéra des papillons multicolores qui étaient autrefois des projets artistiques inachevés. Elle ramassa des étoiles tombées du ciel, qui étaient en réalité des aspirations délaissées.

Cependant, au fur et à mesure que le jardin s'épanouissait, Léa comprit que chaque rêve nécessitait de l'attention et de l'amour pour retrouver sa pleine splendeur. Certains rêves étaient timides et hésitants, tandis que d'autres étaient audacieux et flamboyants. Léa apprit à comprendre les nuances de chaque rêve, à les nourrir de passion et de détermination.

Un jour, alors qu'elles explorait une partie moins fréquentée du jardin, Léa découvrit une fleur particulière, timide et repliée sur elle-même. C'était un rêve oublié depuis longtemps, celui d'un artiste peintre qui avait abandonné ses pinceaux par manque de confiance. Léa s'agenouilla devant la fleur et lui parla doucement, lui offrant encouragement et soutien.

Peu à peu, la fleur commença à s'ouvrir, révélant des couleurs éclatantes et des motifs élaborés. L'artiste peintre, libéré de sa dormance, se leva et exprima sa gratitude à Léa. Il décida de reprendre sa passion et de créer des œuvres qui inspireraient le monde.

Au fil des saisons, le Jardin des Rêves Perdus devint un lieu de célébration et d'inspiration. Les habitants du village venaient s'y promener, découvrant des rêves qui résonnaient avec les leurs. Certains repartaient avec de nouveaux espoirs, tandis que d'autres contribuaient à l'éclosion de rêves encore endormis.

Un jour, alors que le soleil se couchait sur les collines de Provence, Léa se retrouva assise au cœur du jardin, entourée de rêves qui avaient retrouvé leur éclat. Amélie, la vieille dame, s'approcha d'elle et lui sourit tendrement. Elle révéla à Léa que le jardin avait désormais besoin d'elle pour continuer à fleurir.

Léa accepta avec gratitude cette responsabilité et devint la gardienne en chef du Jardin des Rêves Perdus. Elle continua à œuvrer, inspirant les autres à poursuivre leurs rêves et à croire en la magie qui réside dans chaque idée et chaque aspiration.

Et ainsi se perpétua l'histoire de Léa, la jeune fille aux boucles dorées qui découvrit le Jardin des Rêves Perdus et le transforma en un havre de créativité, d'espoir et de réalisation. Les habitants du village et au-delà se souviendraient toujours de cette histoire, sachant que les rêves, même oubliés, peuvent renaître dans le jardin secret de l'imagination.

The Garden of Lost Dreams

Once upon a time, in a small village in the heart of Provence, there lived a young girl named Léa. She had golden curls that shimmered like the sunlit fields of sunflowers in Provence. Léa was known for her boundless imagination and dreams that seemed to reach the stars.

Léa's village was surrounded by gently waving fields of lavender, sprawling vineyards as far as the eye could see, and olive groves whispering age-old stories. However, despite the beauty of her surroundings, Léa felt a strange emptiness. She dreamed of something extraordinary, something that would awaken her soul and fill the empty corners of her heart.

One day, as Léa wandered through the lavender-scented hills, she discovered an old wooden door surrounded by ivy. Intrigued, she opened it, not expecting what lay behind. To her great surprise, she found herself in an enchanted garden where vibrant flowers with shimmering colors danced in the breeze.

Léa realized she had found the mysterious Garden of Lost Dreams, a place where forgotten dreams came to life. Each flower was an abandoned idea, each tree a lost aspiration. Léa was amazed by the magic emanating from every corner of the garden. It was a place where hope bloomed anew, where wishes took shape.

In the middle of the garden, Léa met an old lady with sparkling eyes and a dress covered in floral patterns. The lady introduced herself as Amélie, the guardian of the Garden of Lost Dreams. She explained to Léa that this garden was a sanctuary for dreams abandoned by those who no longer believed in them.

Touched by this discovery, Léa decided to become the guardian alongside Amélie. Together, they roamed the garden's paths, awakening dormant dreams. Léa released multicolored butterflies that were once unfinished artistic projects. She picked up stars fallen from the sky, which were, in reality, neglected aspirations.

However, as the garden flourished, Léa understood that each dream required attention and love to regain its full splendor. Some dreams were shy and hesitant, while others were bold and flamboyant. Léa learned to understand the nuances of each dream, nurturing them with passion and determination.

One day, as they explored a less-traveled part of the garden, Léa discovered a particular flower, timid and folded upon itself. It was a dream long forgotten, that of a painter who had abandoned his brushes due to a lack of confidence. Léa knelt before the flower and spoke to it gently, offering encouragement and support.

Gradually, the flower began to open, revealing vibrant colors and intricate patterns. The painter, liberated from his dormancy, stood up and expressed his gratitude to Léa. He decided to resume his passion and create works that would inspire the world.

As the seasons passed, the Garden of Lost Dreams became a place of celebration and inspiration. The villagers strolled through it, discovering dreams that resonated with their own. Some left with new hopes, while others contributed to the blossoming of still-sleeping dreams.

One day, as the sun set over the hills of Provence, Léa found herself sitting in the heart of the garden, surrounded by dreams that had regained their brilliance. Amélie, the old lady, approached her and smiled tenderly. She revealed to Léa that the garden now needed her to continue flourishing.

Gratefully accepting this responsibility, Léa became the chief guardian of the Garden of Lost Dreams. She continued to work, inspiring others to pursue their dreams and to believe in the magic that resides in every idea and aspiration.

And so continued the story of Léa, the young girl with golden curls who discovered the Garden of Lost Dreams and transformed it into a haven of creativity, hope, and realization. The villagers and beyond would always remember this tale, knowing that dreams, even forgotten ones, can be reborn in the secret garden of imagination.

Le Voyage des Étoiles Brillantes

Il était une fois, dans un petit village au pied des Alpes, une jeune fille nommée Clara. Clara était une rêveuse, les yeux remplis d'étoiles et l'esprit débordant d'imagination. Elle passait ses journées à contempler le ciel étoilé depuis la fenêtre de sa chambre, se demandant ce qui pouvait bien se cacher parmi ces points lumineux.

Le village de Clara était entouré de prairies verdoyantes et de forêts mystérieuses. Mais ce qui captivait le plus son imagination, c'étaient les étoiles qui brillaient chaque nuit. Elle rêvait de découvrir les secrets cachés par-delà le firmament, de voyager parmi les étoiles et de rencontrer des êtres célestes.

Un soir, alors que Clara observait le ciel, une étoile filante traversa l'obscurité. C'était comme un signe, une invitation du cosmos à explorer l'inconnu. Cette étoile filante sembla descendre du ciel pour se poser doucement devant la fenêtre de Clara. Émerveillée, elle comprit que c'était le début d'une aventure magique.

L'étoile se transforma en une créature étincelante, une fée stellaire aux ailes scintillantes. Elle se présenta comme Éliora, la gardienne des étoiles. Éliora avait entendu les rêves de Clara et était venue l'emmener dans un voyage au-delà des étoiles. Elle lui offrit une écharpe étincelante tissée de la lumière des constellations, une clé pour ouvrir les portes des mondes célestes.

Sans hésiter, Clara prit la main d'Éliora, et elles s'envolèrent dans le ciel nocturne. Le village s'éloigna rapidement, laissant place à une toile d'étoiles éblouissantes. Clara se sentit emportée dans une danse céleste, les constellations devenant des guides lumineux dans cette traversée interstellaire.

Le premier arrêt de leur voyage fut la Lune. Clara sauta de l'étoile filante pour explorer le paysage lunaire. Éliora lui montra des jardins de poussière d'étoiles et des lacs de lumière argentée. Ensemble, elles rencontrèrent des créatures lunaires, des lapins qui brillent dans l'obscurité et des lucioles qui dansent sur les cratères.

Puis, elles continuèrent leur périple vers les étoiles lointaines. Chaque étoile était un monde unique, avec ses propres paysages éthérés et ses habitants célestes. Clara découvrit des planètes où les rivières étaient des rubans de lumière et des astéroïdes qui résonnaient comme des xylophones cosmiques.

Un jour, elles atteignirent une étoile particulière, une étoile aux reflets d'or et d'azur. C'était l'Étoile des Rêves, un lieu magique où les rêves prennent vie. Clara fut émerveillée en voyant des formes lumineuses flotter dans l'air, chaque lueur représentant un rêve qui s'épanouissait.

Éliora expliqua à Clara que chaque fois qu'une étoile filante traverse le ciel, elle transporte un fragment de rêve vers l'Étoile des Rêves. Les rêves y sont préservés, prêts à être partagés avec ceux qui en ont besoin. Clara réalisa que les étoiles filantes étaient les messagères des souhaits et des espoirs de chacun.

Les deux amies passèrent du temps à contempler les rêves qui flottaient autour d'elles. Clara se rendit compte qu'elle avait le pouvoir de donner vie à ses propres rêves et de partager cette magie avec le monde. Elle décida de créer un rêve particulier, un rêve d'harmonie et d'amour qui brillerait comme une étoile bienveillante.

Guidée par Éliora, Clara tissa son rêve avec des fils de lumière et le déposa délicatement parmi les étoiles. Bientôt, son rêve se mêla aux autres, formant une constellation étincelante. C'était la Constellation de l'Harmonie, une source d'inspiration pour tous ceux qui levaient les yeux vers le ciel.

Le temps passa rapidement dans ce royaume céleste, mais Clara savait qu'il était temps de retourner sur Terre. Éliora la raccompagna à bord d'une étoile filante, descendant doucement vers le village endormi. Clara se réveilla le lendemain matin dans son lit, se demandant si tout cela n'était qu'un rêve.

Cependant, en se levant, elle remarqua quelque chose d'étonnant. Autour de son cou, elle portait toujours l'écharpe étincelante tissée de la lumière des constellations. Et quand elle regarda par la fenêtre, elle vit la Constellation de l'Harmonie, brillant dans le ciel comme un rappel de son voyage extraordinaire.

Et ainsi se termina l'histoire de Clara, la jeune fille dont les rêves la menèrent au-delà des étoiles. Son héritage perdura dans la Constellation de l'Harmonie, rappelant à tous que, même dans l'obscurité, la lumière des rêves peut briller éternellement.

The Journey of the Bright Stars

Once upon a time, in a small village at the foot of the Alps, there lived a young girl named Clara. Clara was a dreamer, her eyes filled with stars and her mind brimming with imagination. She spent her days gazing at the starry sky from her bedroom window, wondering what secrets might be hidden among those bright points of light.

Clara's village was surrounded by green meadows and mysterious forests. But what captivated her imagination the most were the stars that shone every night. She dreamt of discovering the secrets hidden beyond the firmament, of traveling among the stars and meeting celestial beings.

One evening, as Clara observed the sky, a shooting star streaked across the darkness. It was like a sign, an invitation from the cosmos to explore the unknown. This shooting star seemed to descend from the sky to gently land in front of Clara's window. Enchanted, she understood that it was the beginning of a magical adventure.

The star transformed into a sparkling creature, a star fairy with shimmering wings. She introduced herself as Éliora, the guardian of the stars. Éliora had heard Clara's dreams and had come to take her on a journey beyond the stars. She offered her a sparkling scarf woven from the light of the constellations, a key to unlock the doors to celestial worlds.

Without hesitation, Clara took Éliora's hand, and they soared into the night sky. The village quickly faded away, making room for a canvas of dazzling stars. Clara felt swept away in a celestial dance, the constellations becoming luminous guides in this interstellar journey.

The first stop on their journey was the Moon. Clara hopped off the shooting star to explore the lunar landscape. Éliora showed her gardens of stardust and lakes of silvery light. Together, they encountered lunar creatures, rabbits that glowed in the dark, and fireflies that danced on the craters.

Then, they continued their journey to distant stars. Each star was a unique world, with its ethereal landscapes and celestial inhabitants. Clara discovered planets where rivers were ribbons of light and asteroids that resonated like cosmic xylophones.

One day, they reached a particular star, a star with reflections of gold and azure. It was the Star of Dreams, a magical place where dreams come to life. Clara was amazed to see luminous shapes floating in the air, each glow representing a flourishing dream.

Éliora explained to Clara that each time a shooting star crossed the sky, it carried a fragment of a dream to the Star of Dreams. Dreams were preserved there, ready to be shared with those in need. Clara realized that shooting stars were messengers of wishes and hopes from everyone.

The two friends spent time contemplating the dreams floating around them. Clara realized that she had the power to bring her own dreams to life and share this magic with the world. She decided to create a specific dream, a dream of harmony and love that would shine like a benevolent star.

Guided by Éliora, Clara wove her dream with threads of light and gently placed it among the stars. Soon, her dream mingled with others, forming a sparkling constellation. It was the Harmony Constellation, a source of inspiration for all those who looked up at the sky.

Time passed quickly in this celestial realm, but Clara knew it was time to return to Earth. Éliora accompanied her aboard a shooting star, gently descending towards the sleeping village. Clara woke up the next morning in her bed, wondering if all of it had been just a dream.

However, as she got up, she noticed something astonishing. Around her neck, she still wore the sparkling scarf woven from the light of the constellations. And when she looked out the window, she saw the Harmony Constellation shining in the sky like a reminder of her extraordinary journey.

And so ended the story of Clara, the young girl whose dreams led her beyond the stars. Her legacy lived on in the Harmony Constellation, reminding everyone that even in the darkness, the light of dreams can shine eternally.

Les Ailes de l'Imaginaire

Il était une fois, dans un petit village au cœur de la forêt, une jeune fille nommée Éloïse. Elle était connue pour sa curiosité infinie et son amour pour les histoires fantastiques. Chaque jour, Éloïse se perdait dans les pages de vieux livres poussiéreux, rêvant d'aventures au-delà des limites de son petit monde.

Le village d'Éloïse était entouré d'arbres majestueux et de rivières sinueuses. Mais ce qui fascinait le plus la jeune fille, c'étaient les oiseaux qui sillonnaient le ciel. Elle les observait avec envie, rêvant d'avoir des ailes pour s'envoler parmi les nuages et découvrir des contrées lointaines.

Un jour, alors qu'elle errait dans la forêt, Éloïse découvrit une clairière enchantée. Au centre de cette clairière, se dressait un arbre centenaire aux branches entrelacées comme des mains tendues vers le ciel. Sous cet arbre magique, elle rencontra une créature extraordinaire, un oiseau aux plumes chatoyantes.

L'oiseau se présenta comme Éolia, gardienne des rêves et des contes. Éloïse, émerveillée par cette rencontre, lui partagea son désir de voler. Éolia, comprenant la quête de la jeune fille, décida de lui accorder un don extraordinaire. Elle toucha délicatement les épaules d'Éloïse, lui conférant des ailes d'une blancheur éthérée.

Avec ses nouvelles ailes, Éloïse s'éleva dans les airs, découvrant la sensation exaltante du vol. Elle survola la canopée de la forêt, effleurant les feuilles des arbres du bout de ses doigts ailés. Elle s'élança au-dessus des rivières, sentant la brise caresser son visage et le monde s'étendre sous ses pieds.

Éolia lui expliqua que ces ailes étaient magiques et lui permettraient de voyager entre les mondes de l'imaginaire. Elle lui donna également un livre particulier, un grimoire mystique qui dévoilerait des portails vers des contrées fantastiques. Éloïse était désormais la gardienne des Ailes de l'Imaginaire.

Son premier voyage la mena à la lisière d'une forêt enchantée, où les arbres chuchotaient des légendes oubliées. Les fées et les elfes l'accueillirent avec des danses féériques, lui confiant des histoires qui étaient gravées dans l'écorce des arbres. Éloïse se lia d'amitié avec une fée du nom de Lumielle, qui devint sa compagne de voyage.

Ensemble, Éloïse et Lumielle explorèrent des mondes fantastiques. Elles visitèrent une cité sous-marine où les sirènes chantaient des mélodies envoûtantes. Elles découvrirent un royaume céleste où les étoiles étaient des lanternes magiques éclairant des rues pavées d'argent. Chaque lieu était une épopée enchantée, une page du grimoire qui prenait vie.

Un jour, alors qu'elles volaient au-dessus d'une vallée de nuages, Éloïse et Lumielle entendirent un appel lointain. C'était le murmure d'un dragon solitaire, gardien d'un trésor oublié. Intriguées, elles suivirent le son jusqu'à une montagne escarpée où le dragon, nommé Draconis, les accueillit.

Draconis leur confia qu'un ancien artefact magique était caché au cœur de la montagne, protégé par des énigmes et des illusions. Il avait besoin de l'aide d'Éloïse et Lumielle pour le retrouver. Éloïse accepta la quête avec enthousiasme, guidée par la conviction que le trésor pouvait contenir des récits oubliés depuis des siècles.

Leur périple les conduisit à travers des cavernes lumineuses et des passages mystérieux. Ils résolurent des énigmes complexes, déjouèrent des illusions magiques et firent preuve de courage face aux épreuves. À chaque étape, le grimoire d'Éloïse se révélait être une clé précieuse, déverrouillant les portails vers des mondes magiques.

Enfin, au cœur de la montagne, ils découvrirent un ancien livre de contes, orné de joyaux scintillants. C'était le Livre des Légend

es, renfermant des histoires qui avaient été perdues dans le tourbillon du temps. Éloïse sentit le pouvoir de chaque mot, la magie qui émanait de ces récits oubliés.

Le Livre des Légendes fut ramené à la clairière enchantée, où Éloïse et Lumielle le confièrent à Éolia. La gardienne des rêves sourit, reconnaissante pour le courage et la détermination d'Éloïse. En récompense, Éloïse reçut une plume dorée, symbole de sa contribution à la préservation des contes et légendes.

Le retour d'Éloïse au village fut accueilli avec émerveillement. Les habitants découvrirent son incroyable voyage à travers les mondes fantastiques. Elle partagea les histoires du Livre des Légendes avec eux, réveillant la magie de l'imaginaire dans le cœur de chacun.

Éloïse continua ses voyages entre les mondes, guidée par les Ailes de l'Imaginaire. Elle devint une messagère entre les royaumes enchantés, apportant des récits oubliés aux oreilles avides d'auditeurs. Son grimoire et sa plume dorée étaient les instruments de sa quête infinie pour préserver la richesse des mondes fantastiques.

Et ainsi se perpétua l'histoire d'Éloïse, la jeune fille dont les ailes la portèrent à travers des contrées extraordinaires. Les contes et légendes qu'elle partageait devenaient des étoiles scintillantes dans le ciel nocturne, rappelant à tous que l'imaginaire est une aventure sans fin, prête à être explorée par ceux qui osent rêver.

Wings of the Imagination

Once upon a time, in a small village in the heart of the forest, there lived a young girl named Eloise. She was known for her boundless curiosity and her love for fantastical stories. Every day, Eloise would get lost in the pages of dusty old books, dreaming of adventures beyond the confines of her small world.

Eloise's village was surrounded by majestic trees and winding rivers. But what fascinated the young girl the most were the birds that soared through the sky. She watched them with envy, dreaming of having wings to fly among the clouds and discover distant lands.

One day, as she wandered through the forest, Eloise discovered an enchanted clearing. In the center of this clearing stood an ancient tree with branches interwoven like hands reaching towards the sky. Beneath this magical tree, she encountered an extraordinary creature, a bird with shimmering feathers.

The bird introduced itself as Eolia, the guardian of dreams and tales. Eloise, captivated by this encounter, shared her desire to fly. Eolia, understanding the girl's quest, decided to grant her an extraordinary gift. She gently touched Eloise's shoulders, endowing her with ethereal white wings.

With her new wings, Eloise soared into the air, experiencing the exhilarating sensation of flight. She flew over the forest canopy, brushing the leaves of the trees with her wingtips. She soared over rivers, feeling the breeze caress her face and the world unfold beneath her feet.

Eolia explained that these wings were magical and would allow her to travel between the realms of imagination. She also gave her a special book, a mystical grimoire that would reveal portals to fantastical lands. Eloise was now the guardian of the Wings of the Imagination.

Her first journey led her to the edge of an enchanted forest, where trees whispered forgotten legends. Fairies and elves welcomed her with fairy dances, entrusting her with stories engraved on the bark of the trees. Eloise befriended a fairy named Lumiere, who became her travel companion.

Together, Eloise and Lumiere explored fantastical worlds. They visited an underwater city where mermaids sang enchanting melodies. They discovered a celestial kingdom where stars were magical lanterns illuminating streets paved with silver. Each place was an enchanted epic, a page from the grimoire coming to life.

One day, as they flew over a valley of clouds, Eloise and Lumiere heard a distant call. It was the murmur of a solitary dragon, the guardian of a forgotten treasure. Intrigued, they followed the sound to a steep mountain where the dragon, named Draconis, welcomed them.

Draconis confided that an ancient magical artifact was hidden at the heart of the mountain, protected by riddles and illusions. He needed Eloise and Lumiere's help to find it. Eloise enthusiastically accepted the quest, guided by the belief that the treasure could contain stories forgotten for centuries.

Their journey led them through luminous caverns and mysterious passages. They solved complex riddles, thwarted magical illusions, and showed courage in the face of trials. At each step, Eloise's grimoire proved to be a precious key, unlocking portals to magical worlds.

Finally, at the heart of the mountain, they discovered an ancient book of tales adorned with sparkling jewels. It was the Book of Legends, containing stories that had been lost in the whirlwind of time. Eloise felt the power of each word, the magic emanating from these forgotten tales.

The Book of Legends was brought back to the enchanted clearing, where Eloise and Lumiere entrusted it to Eolia. The guardian of dreams smiled, grateful for Eloise's courage and determination. As a reward, Eloise received a golden feather, a symbol of her contribution to preserving tales and legends.

Eloise's return to the village was greeted with wonder. The villagers learned of her incredible journey through fantastical worlds. She shared the stories of the Book of Legends with them, awakening the magic of imagination in each heart.

Eloise continued her travels between worlds, guided by the Wings of the Imagination. She became a messenger between enchanted realms, bringing forgotten tales to the eager ears of listeners. Her grimoire and golden feather were the instruments of her endless quest to preserve the richness of fantastical worlds.

And thus, the story of Eloise, the young girl whose wings carried her through extraordinary realms, continued. The tales and legends she shared became sparkling stars in the night sky, reminding everyone that imagination is an endless adventure, ready to be explored by those who dare to dream.

Le Mystère de la Cité des Nuages

Il était une fois, dans un royaume lointain, une jeune aventurière intrépide nommée Aria. Elle vivait dans un village paisible entouré de collines verdoyantes et de rivières murmurent. Depuis son plus jeune âge, Aria avait été fascinée par les récits de la Cité des Nuages, un endroit mystérieux flottant au-dessus des montagnes, dissimulé dans les nuages.

Chaque nuit, Aria s'endormait en rêvant de la Cité des Nuages. Elle imaginait des tours étincelantes au sommet desquelles reposaient des trésors inimaginables et des jardins suspendus où les fleurs s'épanouissaient dans l'air léger. Son cœur débordait de curiosité, et son esprit débordait de questions sur cette cité légendaire.

Un jour, alors qu'elle se promenait près de la rivière qui serpentait à travers le village, Aria rencontra une vieille femme aux yeux pétillants et aux vêtements chatoyants. La vieille femme, nommée Elara, semblait connaître le secret de la Cité des Nuages. Intriguée, Aria s'approcha d'elle et lui demanda de partager son savoir.

Elara sourit à Aria et lui dit que la clé pour atteindre la Cité des Nuages résidait dans le cœur des rêveurs audacieux. Elle révéla qu'un ancien artefact, la Larme d'Éther, était nécessaire pour ouvrir un portail vers la cité céleste. Cependant, l'emplacement de cette larme précieuse était enveloppé de mystère.

Intriguée par cette quête, Aria décida de partir à la recherche de la Larme d'Éther et de percer le mystère de la Cité des Nuages. Elle remercia Elara pour ses conseils et se mit en route, portant sur ses épaules la légende de la cité flottante.

Son périple la conduisit à travers des forêts enchantées et des montagnes escarpées. Elle rencontra des créatures magiques qui lui offraient des conseils et des épreuves. À chaque étape, Aria ressentait le souffle de l'inconnu et le frisson de l'aventure.

Un jour, alors qu'elle explorait une grotte scintillante, Aria découvrit une ancienne carte stellaire qui indiquait le chemin vers la Larme d'Éther. La carte la guida à travers des prairies illuminées par des lucioles enchantées et des déserts de sable éternel.

Finalement, après de nombreux jours d'exploration, Aria atteignit un temple ancien niché au sommet d'une montagne enneigée. Dans le cœur du temple, elle trouva la Larme d'Éther, une gemme étincelante qui capturait la lumière des étoiles. En la tenant entre ses mains, Aria sentit une énergie mystique la traverser.

Aria savait que la prochaine étape de sa quête était de trouver le portail vers la Cité des Nuages. La carte stellaire indiquait un lieu spécifique où la Larme d'Éther devait être activée pour ouvrir la voie vers la cité céleste. Elle se mit en route avec détermination, suivant les étoiles qui scintillaient dans la nuit.

Arrivée à l'emplacement indiqué sur la carte stellaire, Aria découvrit un autel ancien sculpté dans la pierre. Elle plaça délicatement la Larme d'Éther sur l'autel et récita les paroles mystiques que lui avait enseignées Elara. Une lueur céleste enveloppa la gemme, et soudain, un portail éthéré s'ouvrit devant elle.

Intrépide, Aria traversa le portail et se retrouva entourée de nuages moelleux. La Cité des Nuages s'étendait devant elle, une vision éblouissante de tours célestes et de ponts suspendus entre les cieux. Aria était émerveillée par la beauté de cet endroit magique qu'elle avait tant rêvé de découvrir.

Alors qu'elle explorait les rues de la cité, Aria rencontra des habitants célestes, des êtres faits de lumière et d'air. Ils lui souhaitèrent la bienvenue et lui racontèrent les légendes ancestrales de leur cité flottante. Aria apprit que la Cité des Nuages était un lieu de sagesse et de connaissance, où les rêves prenaient forme et où l'imagination était infinie.

Au cœur de la cité, Aria rencontra la Gardienne des Nuages, une figure sage qui veillait sur l'harmonie de la cité. La Gardienne lui expliqua que la Cité des Nuages était liée aux rêves et aux aspirations de ceux qui osaient les poursuivre. Chaque nuage de la cité portait l'essence d'un rêve, créant un équilibre magique.

Cependant, la Gardienne partagea également une sombre prédiction : un nuage crucial, celui qui contenait le rêve le plus ancien et le plus puissant de la cité, commençait à perdre de son éclat. Si le problème n'était pas résolu, la cité entière pourrait être plongée dans l'ombre.

Aria, animée par son esprit d'aventure et son désir de préserver la magie de la Cité des Nuages, se porta volontaire pour résoudre le mystère de ce nuage défaillant. La Gardienne des Nuages lui confia une clé magique, la Clef des Rêves, qui lui permettrait d'entrer dans le nuage et de comprendre la nature de son affaiblissement.

Le nuage en question se trouvait au sommet d'une tour étincelante, la plus haute de toutes les tours de la cité. Aria grimpa les escaliers qui montaient vers le ciel, portant la Clef des Rêves autour de son cou. À mesure qu'elle approchait du sommet, elle ressentait une énergie particulière émanant du nuage vacillant.

Arrivée au sommet, Aria inséra la Clef des Rêves dans une serrure magique. La porte du nuage s'ouvrit lentement, révélant un monde intérieur éblouissant. Aria pénétra dans le nuage, découvrant un paysage onirique où les souvenirs et les aspirations prenaient forme.

Au cœur du nuage, elle rencontra un être de lumière, le Gardien des Rêves. Il lui expliqua que le nuage avait été affaibli par le doute et la peur qui s'étaient insinués dans le rêve le plus ancien de la cité. Aria comprit que pour restaurer l'éclat du nuage, elle devait guider le rêve vers la lumière.

Avec détermination, Aria plongea dans le rêve affaibli, un monde où les ombres dansaient autour de fragments de souvenirs. Elle rencontra des personnages de rêve tourmentés par des doutes et des craintes. À chaque rencontre, elle partagea sa propre histoire d'aventure et d'audace, inspirant les personnages à surmonter leurs peurs.

Peu à peu, le rêve se transforma. Les ombres se dissipèrent, laissant place à la lumière de l'espoir et de la confiance. Aria sentit l'énergie du nuage se renforcer, vibrant d'une nouvelle vitalité. Elle sortit du nuage restauré, emportant avec elle la gratitude du Gardien des Rêves.

De retour auprès de la Gardienne des Nuages, Aria partagea son voyage à travers le nuage et la transformation du rêve ancestral. La cité tout entière s'illumina d'une lumière éclatante, les nuages rayonnant de couleurs chatoyantes. La prophétie sombre avait été conjurée, et la Cité des Nuages était sauvée.

En reconnaissance de son courage et de sa détermination, la Gardienne des Nuages offrit à Aria une plume d'aile dorée, symbole de la connexion entre la terre et le ciel, entre la réalité et l'imagination. Aria était désormais honorée comme une amie de la cité céleste, une protectrice des rêves.

Avant de partir, Aria s'émerveilla une dernière fois devant la beauté de la Cité des Nuages. Elle remercia la Gardienne des Nuages et les habitants célestes pour leur hospitalité. Puis, elle traversa le portail éthéré, retrouvant le sol de son village natal.

De retour chez elle, Aria partagea son incroyable aventure avec les villageois, leur racontant la légende de la Cité des Nuages et les leçons apprises à travers ses épreuves. Elle encouragea chacun à poursuivre ses rêves avec courage et détermination, rappelant que les aventures les plus extraordinaires commencent par un simple rêve audacieux.

Et ainsi se termina l'histoire d'Aria, l'aventurière qui perça le mystère de la Cité des Nuages. Sa légende perdura dans le royaume, devenant une source d'inspiration pour les rêveurs de tous âges, les invitant à lever les yeux vers le ciel et à croire en la magie des rêves.

The Mystery of the City in the Clouds

Once upon a time, in a distant kingdom, there lived a fearless young adventurer named Aria. She resided in a peaceful village surrounded by green hills and murmuring rivers. Since her youngest days, Aria had been fascinated by tales of the City in the Clouds, a mysterious place floating above the mountains, concealed within the clouds.

Every night, Aria drifted into sleep, dreaming of the City in the Clouds. She envisioned sparkling towers atop which unimaginable treasures rested and suspended gardens where flowers blossomed in the light air. Her heart brimmed with curiosity, and her mind overflowed with questions about this legendary city.

One day, as she strolled near the river winding through the village, Aria encountered an old woman with sparkling eyes and vibrant garments. The old woman, named Elara, seemed to know the secret of the City in the Clouds. Intrigued, Aria approached her and asked her to share her knowledge.

Elara smiled at Aria and told her that the key to reaching the City in the Clouds lay in the hearts of bold dreamers. She revealed that an ancient artifact, the Ether Tear, was needed to open a portal to the celestial city. However, the location of this precious tear was shrouded in mystery.

Intrigued by this quest, Aria decided to embark on a search for the Ether Tear and unravel the mystery of the City in the Clouds. She thanked Elara for her guidance and set off, carrying the legend of the floating city on her shoulders.

Her journey took her through enchanted forests and rugged mountains. She encountered magical creatures offering advice and trials. At each step, Aria felt the breath of the unknown and the thrill of adventure.

One day, while exploring a sparkling cave, Aria discovered an ancient star map that indicated the path to the Ether Tear. The map guided her through meadows illuminated by enchanted fireflies and deserts of eternal sand.

Finally, after many days of exploration, Aria reached an ancient temple nestled atop a snow-capped mountain. In the heart of the temple, she found the Ether Tear, a sparkling gem capturing the light of the stars. Holding it in her hands, Aria felt a mystical energy coursing through her.

Aria knew that the next step in her quest was to find the portal to the City in the Clouds. The star map indicated a specific location where the Ether Tear needed to be activated to open the path to the celestial city. She set off with determination, following the stars that twinkled in the night.

Arriving at the location indicated on the star map, Aria discovered an ancient altar carved into the stone. She delicately placed the Ether Tear on the altar and recited the mystical words Elara had taught her. A celestial glow enveloped the gem, and suddenly, an ethereal portal opened before her.

Fearless, Aria stepped through the portal and found herself surrounded by fluffy clouds. The City in the Clouds stretched before her, a dazzling vision of celestial towers and bridges suspended between the heavens. Aria was amazed by the beauty of this magical place she had dreamed of discovering.

As she explored the streets of the city, Aria encountered celestial inhabitants, beings made of light and air. They welcomed her and told her the ancient legends of their floating city. Aria learned that the City in the Clouds was a place of wisdom and knowledge, where dreams took shape and imagination was boundless.

At the heart of the city, Aria met the Guardian of the Clouds, a wise figure who watched over the harmony of the city. The Guardian explained that the City in the Clouds was connected to the dreams and aspirations of those who dared to pursue them. Each cloud in the city carried the essence of a dream, creating a magical balance.

However, the Guardian also shared a dark prophecy: a crucial cloud, the one containing the oldest and most powerful dream of the city, began to lose its brilliance. If the problem was not solved, the entire city could be plunged into shadow.

Aria, driven by her spirit of adventure and her desire to preserve the magic of the City in the Clouds, volunteered to solve the mystery of this faltering cloud. The Guardian of the Clouds entrusted her with a magical key, the Dream Key, which would allow her to enter the cloud and understand the nature of its weakening.

The cloud in question was at the top of a sparkling tower, the tallest of all the city's towers. Aria climbed the stairs ascending to the sky, carrying the Dream Key around her neck. As she approached the top, she felt a particular energy emanating from the flickering cloud.

Arriving at the top, Aria inserted the Dream Key into a magical lock. The door of the cloud opened slowly, revealing a dazzling inner world. Aria entered the restored cloud, discovering a dreamlike landscape where memories and aspirations took form.

In the heart of the cloud, she encountered a being of light, the Dream Guardian. He explained that the cloud had been weakened by doubt and fear that had crept into the oldest dream of the city. Aria understood that to restore the brilliance of the cloud, she had to guide the dream towards the light.

With determination, Aria delved into the weakened dream, a world where shadows danced around fragments of memories. She met dream characters tormented by doubts and fears. At each encounter, she shared her own story of adventure and boldness, inspiring the characters to overcome their fears.

Gradually, the dream transformed. Shadows dissipated, giving way to the light of hope and confidence. Aria felt the energy of the cloud strengthening, vibrating with new vitality. She emerged from the restored cloud, carrying with her the gratitude of the Dream Guardian.

Back with the Guardian of the Clouds, Aria shared her journey through the cloud and the transformation of the ancient dream. The entire city illuminated with a brilliant light, clouds radiating with vibrant colors. The dark prophecy had been averted, and the City in the Clouds was saved.

In gratitude for her courage and determination, the Guardian of the Clouds offered Aria a golden feathered wing, a symbol of the connection between earth and sky, between reality and imagination. Aria was now honored as a friend of the celestial city, a protector of dreams.

Before leaving, Aria marveled one last time at the beauty of the City in the Clouds. She thanked the Guardian of the Clouds and the celestial inhabitants for their hospitality. Then, she stepped through the ethereal portal, returning to the ground of her hometown.

Back home, Aria shared her incredible adventure with the villagers, recounting the legend of the City in the Clouds and the lessons learned through her trials. She encouraged each one to pursue their dreams with courage and determination, reminding them that the most extraordinary adventures begin with a simple bold dream.

And so ended the story of Aria, the adventurer who unraveled the mystery of the City in the Clouds. Her legend persisted in the kingdom, becoming a source of inspiration for dreamers of all ages, urging them to look up to the sky and believe in the magic of dreams.

Les Étoiles de l'Océan

Il était une fois, dans un petit village côtier, une jeune fille nommée Léa. Le village était niché entre des falaises escarpées et une mer infinie qui s'étendait à perte de vue. Léa avait les yeux remplis de rêves et un amour profond pour l'océan scintillant sous le doux éclat de la lune.

Léa passait ses journées à explorer les rivages et à collectionner des coquillages étincelants que la mer offrait généreusement. Elle avait une fascination particulière pour les étoiles de mer, ces créatures mystiques qui semblaient danser avec les vagues. Chaque nuit, elle s'endormait en écoutant le murmure apaisant de l'océan.

Un soir, alors que le ciel était peint de teintes dorées par le coucher du soleil, Léa découvrit une étoile de mer extraordinaire. Ses tentacules étaient ornés de reflets dorés, comme si elles capturaient la lumière des étoiles. Léa la prit délicatement dans ses mains, sentant une énergie douce et apaisante émaner de la créature marine.

À sa grande surprise, l'étoile de mer s'anima soudainement. Elle se transforma en une créature féerique appelée Marilou, une gardienne des étoiles de la mer. Marilou expliqua à Léa qu'elle avait été choisie pour une quête magique afin de protéger un trésor caché au fond de l'océan, une source de lumière éternelle appelée le Cristal Astral.

Intriguée par cette mission magique, Léa accepta avec enthousiasme. Marilou lui confia une perle enchantée, la Perle de la Lueur, qui serait sa guide à travers les profondeurs de l'océan. Avant de plonger, Marilou révéla à Léa que le Cristal Astral avait le pouvoir de réaliser les vœux les plus sincères.

Les deux compagnons plongèrent dans les eaux profondes, traversant des récifs de corail aux couleurs éclatantes et des forêts d'algues ondoyantes. La Perle de la Lueur guidait Léa à travers les mystères de l'océan, illuminant le chemin vers le trésor convoité.

Au fur et à mesure qu'elles s'enfonçaient plus profondément, Léa et Marilou rencontrèrent des créatures marines magiques. Des dauphins lumineux dansaient autour d'elles, des méduses iridescentes créaient des lumières éblouissantes, et des poissons aux écailles chatoyantes les accompagnaient dans leur quête.

Finalement, au fond de l'océan, elles découvrirent une grotte scintillante. À l'intérieur, reposait le Cristal Astral, une gemme éthérée émettant une lumière douce et chaleureuse. Léa, émerveillée par la beauté du trésor, sentit son cœur se remplir de gratitude envers l'océan qui avait partagé un secret si précieux.

Cependant, avant de pouvoir récupérer le Cristal Astral, une épreuve finale attendait Léa. Le Gardien des Abysses, une créature majestueuse aux écailles d'argent, apparut devant elles. Le Gardien posa une question cruciale à Léa : quel était son vœu le plus cher, celui qu'elle souhaitait voir réalisé par le Cristal Astral ?

Léa hésita un instant, pensant à toutes les possibilités. Puis, avec un sourire sincère, elle partagea son vœu le plus profond :

apporter la lumière et la joie à son village côtier, illuminant les cœurs de ses proches comme l'océan illuminait les étoiles.

Le Gardien des Abysses, touché par la sincérité du vœu de Léa, accorda son approbation. Léa prit délicatement le Cristal Astral dans ses mains, sentant une énergie chaleureuse se répandre à travers elle. La grotte scintilla de mille éclats, et les échos de rires et de chansons se firent entendre, venant des étoiles de l'océan.

De retour à la surface, Léa se retrouva avec le Cristal Astral et la Perle de la Lueur. Marilou la remercia pour son courage et sa pureté de cœur, lui assurant que le Cristal Astral continuerait à rayonner de magie et à exaucer les vœux sincères.

Léa devint une héroïne dans son village, une gardienne des étoiles de l'océan. Chaque nuit, elle se tenait sur la plage, contemplant le reflet des étoiles dans l'océan et remerciant l'océan pour le don précieux du Cristal Astral.

Et ainsi se termina l'histoire de Léa, la jeune fille qui plongea dans les profondeurs de l'océan pour ramener la lumière éternelle. Son courage et son amour pour l'océan devinrent une légende, rappelant à tous que même dans les profondeurs les plus sombres, la lumière de l'espoir peut briller avec éclat, portée par les étoiles de l'océan.

The Stars of the Ocean

Once upon a time, in a small coastal village, there lived a young girl named Léa. The village nestled between steep cliffs and an endless sea that stretched as far as the eye could see. Léa had eyes filled with dreams and a profound love for the ocean sparkling under the gentle glow of the moon.

Léa spent her days exploring the shores and collecting shimmering seashells that the sea generously offered. She had a particular fascination for starfish, those mystical creatures that seemed to dance with the waves. Each night, she fell asleep listening to the soothing murmur of the ocean.

One evening, as the sky was painted in golden hues by the setting sun, Léa discovered an extraordinary starfish. Its tentacles were adorned with golden reflections, as if capturing the light of the stars. Léa picked it up gently, feeling a soft and soothing energy emanating from the marine creature.

To her great surprise, the starfish suddenly came to life. It transformed into a fairy-like creature named Marilou, a guardian of the sea stars. Marilou explained to Léa that she had been chosen for a magical quest to protect a hidden treasure at the bottom of the ocean, an eternal light source called the Astral Crystal.

Intrigued by this magical mission, Léa eagerly accepted. Marilou entrusted her with an enchanted pearl, the Pearl of Radiance, which would be her guide through the depths of the ocean. Before diving, Marilou revealed to Léa that the Astral Crystal had the power to fulfill the most sincere wishes.

The two companions plunged into the deep waters, crossing coral reefs with vibrant colors and forests of undulating seaweed. The Pearl of Radiance guided Léa through the mysteries of the ocean, illuminating the path to the coveted treasure.

As they delved deeper, Léa and Marilou encountered magical sea creatures. Luminous dolphins danced around them, iridescent jellyfish created dazzling lights, and fish with shimmering scales accompanied them on their quest.

Finally, at the bottom of the ocean, they discovered a sparkling cave. Inside rested the Astral Crystal, an ethereal gem emitting a soft and warm light. Léa, marveling at the beauty of the treasure, felt her heart filled with gratitude towards the ocean that had shared such a precious secret.

However, before she could retrieve the Astral Crystal, a final trial awaited Léa. The Guardian of the Abyss, a majestic creature with silver scales, appeared before them. The Guardian posed a crucial question to Léa: what was her dearest wish, the one she wanted to see fulfilled by the Astral Crystal?

Léa hesitated for a moment, thinking of all the possibilities. Then, with a sincere smile, she shared her deepest wish: to bring light and joy to her coastal village, illuminating the hearts of her loved ones as the ocean illuminated the stars.

Touched by the sincerity of Léa's wish, the Guardian of the Abyss granted approval. Léa delicately took the Astral Crystal in her hands, feeling a warm energy spreading through her. The cave sparkled with a thousand glints, and echoes of laughter and songs echoed from the ocean stars.

Back on the surface, Léa found herself with the Astral Crystal and the Pearl of Radiance. Marilou thanked her for her courage and purity of heart, assuring her that the Astral Crystal would continue to radiate magic and fulfill sincere wishes.

Léa became a hero in her village, a guardian of the ocean stars. Every night, she stood on the beach, contemplating the reflection of the stars in the ocean and thanking the ocean for the precious gift of the Astral Crystal.

And so ended the story of Léa, the young girl who dived into the depths of the ocean to bring back eternal light. Her courage and love for the ocean became a legend, reminding everyone that even in the darkest depths, the light of hope can shine brightly, carried by the ocean stars.